AF482849

TARIF

De toutes les Efpeces d'Or & d'Argent qui ont eu cours fous le Regne de LOUIS XIV.

Et de celles qui ont cours fous LOUIS XV.

Depuis l'Edit du mois de Septembre 1640. jufqu'au mois de Juin 1727.

Accompagné des dattes de tous les Edits qui ont ordonné quelques Fabrications ou Reformes fur lefdites Efpeces; Et des Arrêts du Confeil qui en ont indiqué des augmentations ou diminutions.

Avec les Empreintes de chacune defdites Efpeces.

A LILLE:

Chez CHARLES-MAURICE CRAME', Imprimeur du Roy, ruë des Malades, au Compas d'Or. 1727.

AVEC PERMISSION.

VALEUR DES ESPECES D'OR ET D'ARGENT.

Les Fabrications & Reformations, survenuës depuis l'Edit du mois de Septembre 1640. & les Augmentations & Diminutions indiquées sur icelles, depuis l'Edit du mois de Decembre 1689.

EDIT DE SEPTEMBRE 1640.

LOUIS LE GRAND succeda à Louis XIII. son Pere le 14 May 1643. Il étoit âgé de quatre ans huit mois neuf jours, sous la tutelle d'Anne d'Autriche Reine de France sa Mere.

On fabriqua à son Avenement les mêmes Especes d'Or & d'Argent, de Billon & de Cuivre, que sous le Regne precedent ; au même poids, titre, loi & cours que sous le Regne de Louis XIII.

Les Loüis d'Or étoient de 36 un quart au marc du poids de cinq deniers 6. grains, & avoient pour Empreinte quatre L. doubles en croix couronnées, cantonnées de quatre Fleurs de Lys, avec le different des Monnoyes dans le milieu de la Croix.

Les Ecus de 9. au Marc du poids de 21. deniers, fabriquées par le même Edit, avoient pour empreinte l'Ecusson aux Armes de France.

En 1690. on fit des Louis d'Or & Ecus blancs d'une nouvelle marque, mettant la marque des Louis d'Or sur le Louis d'argent, & le Louis d'Argent sur le Louis d'Or.

EDIT DE DECEMBRE 1989.
Nouvelle Fabrication & Reforme.

Loüis d'Or de 36. un quart au Marc, du poids de 5. deniers 6. grains.	Ecus de 9. au Marc, du poids de 21. deniers.	Livres.	Sols.	Deniers.
Par cet Edit, les Loüis d'Or, tant de la nouvelle fabrication que reformés à l'Ecusson des Armes de France, ont eu cours au premier Janvier 1690. pour - -		12	10	
Les Ecus pour - - - - - -		3	6	
Les demis, quarts, &c. à proportion.				
Par la Declaration du 28. Août 1691. les Pieces qui avoient cours pour trois sols six deniers, ont été reformées & ont eu cours pour - - -				4
Par Arrêt du 22. Juillet 1692. les Loüis reformés ont été diminués au premier Août ensuivant de cinq sols & n'ont eu cours que pour - - -		12	5	
Les Ecus de la même fabrication pour - -		3	5	

1691.
Reformation des pieces de 3. sols 6 den. à 4. sols.

1692.
Reformation des sols marquez.

Par Edit du mois d'Octobre 1692. les Sols marquez, appellez Douzains, ont été reformez, & l'on en fa-

	liv.	sols	den.
briqua qui eurent cours pour	-	1	3
Par Arrêt de Decembre 1692. les Loüis d'Or ont été reduits au premier Janvier ensuivant à	12		
Les Ecus à	3	4	
Par la Declaration du 9. Juin 1693. l'on fabriqua des Liards qui ont eu cours pour	-	-	3
Par Arrêt du 16. Juin 1693. les Loüis d'Or ont été reduits le premier Juillet ensuivant à	11	15	
Les Ecus à	3	3	
Par Arrêts des 16. Juin & 26. Juillet 1693. les Loüis d'Or ont été reduits, à commencer au premier Août ensuivant à	11	10	
Et les Ecus reduits à	3	2	

1693. Fabrication des Liards.

EDIT DE SEPTEMBRE 1693.

Reformation des Loüis & Ecus.

Loüis d'Or de 36. un quart au Marc, du poids de 5. deniers 6. grains.

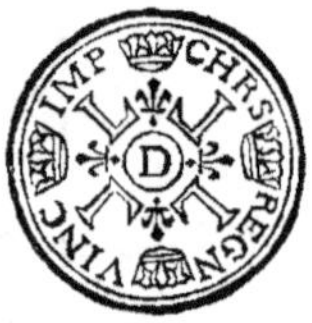

Ecus de 9. au Marc, du poids de 21. deniers.

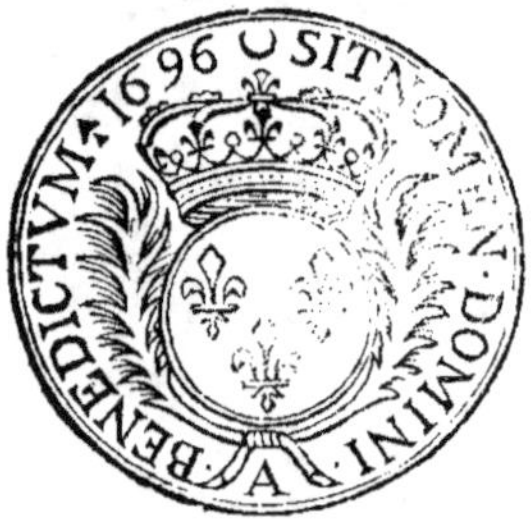

	liv.	sols	den.
Par cet Edit & Declaration du 11. Octobre 1693. les Loüis reformez ont eu cours au premier jour dudit Octobre pour	14		
Les Ecus pour	3	12	
Le premier Janvier 1700. lesdites especes ont été reduites: Sçavoir; Les Loüis d'Or à	13	15	
Les Ecus à	3	11	
Le premier Février les Loüis d'Or ont été reduits à	13	10	
Les Ecus à	3	10	
Le premier Avril les Loüis d'Or à	13	5	
Les Ecus à	3	9	

	liv.	sols	den.
Le premier Juin les Loüis d'Or à	13		
Les Ecus à	3	8	
Par Arrêts des 30 Novembre & 21. Decembre 1700. les Loüis d'Or ont eté reduits au premier Janvier 1701. à	12	15	
Les Ecus à	3	7	
Les pieces de quatre sols à	-	3	9
Le premier Avril ensuivant les Loüis d'Or à	12	10	
Les Ecus à	3	6	
Par Arrêt du 28. Juin 1701. les Loüis d'Or ont été reduits au premier Juillet à	12		
Les Ecus à	3	5	
Les demis, quarts & douziémes à proportion.			
Par Arrêt du 19. Septembre 1701. les Loüis d'Or ont été augmentez & ont eu cours dés ledit jour, pour	12	10	
Les Ecus pour	3	7	6
Les demis, quarts & douziémes à proportion.			
Par la Declaration du 27. Septembre 1701. les Loüis d'Or ont été augmentez & ont eu cours pour	13		
Les Ecus pour	3	10	
Les demis, quarts & douziémes à proportion.			
Les Pieces de trois sols neuf deniers pour	-	4	

EDIT DE SEPTEMBRE 1701.
Nouvelle Fabrication des Loüis & Ecus.

| Loüis d'Or de 36. un quart au Marc, du poids de 5. deniers 6. grains. | Ecus de 9. au Marc, du poids de 21. deniers. |

Par Edit du mois de Septembre & Declaration du 27. dudit mois 1701. les Loüis d'Or de nouvelle fabrication reformez ont eu cours au quatre Octobre pour   14

	liv.	ſols	den.
Les Ecus pour	3	16	
Par la Declaration du 14 Mars 1702. les pieces de 4. ſols ont été reformées & ont eu cours pour .		5	
Par Arrêt du 22. Août 1702. les Loüis d'Or ont été reduits au premier Septembre enſuivant à . .	13	15	
Les Ecus à	3	14	
Les Pieces de cinq ſols à . . .		4	10
Par Arrêt du 17. Octobre 1702. les Loüis d'Or ont été reduits au premier Janvier 1703. à . .	13	10	
Les Ecus à	3	12	
Les pieces de cinq ſols à . . .		4	8
Les pieces de quatre ſols à . . .		3	11
Par la Declaration du 29. May 1703. il fut fabriqué des pieces de dix ſols qui ont eu cours pour .		10	
Par Arrêt du 14. Juillet 1703. les Loüis d'Or ont été reduits au premier Août enſuivant à . .	13	5	
Les Ecus à	3	11	
Les Pieces de cinq ſols reformées à . . .		4	9
Par Arrêt du 21. Août 1703. les Loüis d'Or ont été reduits, pour avoir cours au premier Octobre enſuivant à	13		
Les Ecus à	3	10	
Par Arrêt du 30. Octobre 1703. les Loüis d'Or & Ecus reformez ou non reformez ont continué d'avoir cours, conformément au précedent Arrêt. Mais les pieces de quatre ſols reformées ont été reduites à		3	10
Par Arrêt du premier Avril 1704. les Loüis d'Or ont été reduits au premier May enſuivant à . .	12	15	
Les Ecus à	3	9	
Les demis, quarts, &c. à proportion			
Les Pieces de cinq ſols pour		4	6
Par le même Arrêt les Loüis d'Or ont été reduits au 15. May à	12	10	
Les Ecus à	3	8	

EDIT

EDIT DE MAY 1704.
Nouvelle Fabrication & Reformation des Loüis & Ecus.

Loüis d'Or de 36. un quart au Marc, du poids de 5. deniers 6. grains.	Ecus de 9. au Marc, du poids de 21. deniers.

Par cet Edit l'on a fabriqué des Efpeces, & reformé les anciennes ; les Loüis d'Or ont eu cours pour . **15**

Les Ecus pour **4**

Nota. *Que le premier Novembre* 1704. *les Efpeces non reformées ont été decriées dans le commerce, permis néantmoins de les mettre aux Hôtels des Monnoyes & Bureaux de Sa Majefté fur le pied: Sçavoir,*

Les Loüis d'Or à . . . . **12 | 10**

Les Ecus à . . . . . **3 | 8**

Par Arrêt du 20. Janvier 1705. les Loüis d'Or neufs & reformez ont été diminuez de cinq fols, & ont eu cours le premier Février pour . . . **14 | 15**

Les Ecus pour . . . . . **3 | 19**

Par Arrêt du 19. May 1705. les mêmes Loüis d'Or ont été reduits au premier Juillet enfuivant à . **14 | 10**

Les Ecus à . . . . . . **3 | 18**

Par Arrêt du 7. Juillet 1705. les mêmes Loüis d'Or ont été reduits, pour avoir cours au premier Septembre enfuivant à . . . . **14 | 5**

Les Ecus à . . . . . . **3 | 17 | 6**

Nota. *Qu'au mois de Novembre* 1705. *les Efpeces non reformées ont été permifes dans le commerce, & ont eu cours comme les nouvelles.*

Par

	liv.	sols	den.
Par Arrêt du 17. Septembre 1705 les Loüis d'Or tant vieux que neufs , ont été reduits pour avoir cours au premier Janvier 1706. à	14		
Les Ecus à	3	16	
Le premier Mars 1706. les Loüis d'Or ont été reduits à	13	15	
Les Ecus à	3	14	
Par Arrêts des 25. May & 8 Juin 1706. les Loüis d'Or ont été reduits au premier Juillet ensuivant à	13	10	
Les Ecus à	3	12	
Les pieces de dix sols à	-	9	6
Par Arrêt du 27. Novembre 1706. les Loüis d'Or ont été reduits au premier Janvier 1707. à	13	5	
Les Ecus à	3	11	
Par Arrêt du 9. Août 1707. les Pieces de neuf sols 6. deniers ont été remises le quinze dudit mois à	-	10	
La Declaration du 9. Août 1707. ordonne la fabrication des Pieces de vingt sols	1		
Par Arrêts des 31. Janvier & 14 Février 1708. les Louis d'Or ont été reduits pour avoir cours au premier Mars à	13		
Les pieces de vingt sols à	-	18	
Celles de dix sols à	-	9	
Le premier Avril 1708. les Ecus à	3	10	
Les pieces de dixhuit sols à	-	17	
Les Pieces de neuf sols à	-	8	6
Les Pieces de quatre sols six deniers à	-	4	3
Par Arrêt du 17. Avril 1708. les pieces de dixsept sols ont été reduites au premier Juin à	-	16	
Les pieces de huit sols six deniers à		8	
Les pieces de quatre sols trois deniers à	-	4	
Par Arrêt du 21. Juillet 1708. les pieces de seize sols ont été reduites au premier Août ensuivant à		15	6
Les pieces de huit sols à	-	7	9
Par Arrêt du 20. Novembre 1708 les Loüis d'Or ont été diminuez de 5 sols, & ont eu cours au premier Janvier 1709. pour	12	15	
Les Ecus pour	3	8	
Les pieces de vingt sols pour		5	
Les pieces de dix sols pour	-	7	6
Les pieces de quatre sols pour	-	3	9
Par Arrêt du 19 Février 1709. les Loüis d'Or ont été reduits au seize Mars ensuivant à	12	10	

B

	liv.	fols	den.
Les Ecus à	3	5	
Les pieces de vingt fols à	-	14	6
Les pieces de dix fols à	-	7	3
Les pieces de quatre fols à	-	3	6

Nota. *Que depuis* 1640 *jufqu'à cette année* 1709 *les
Loüis d'Or ont été de* 36. *un quart au Marc, &
les Ecus de* 9. *au Marc.*

Au mois d'Avril 1709. *il y eut un Edit qui ordonnoit
une nouvelle fabrication de Loüis d'Or à* 16. *liv.*
10. *fols, & les Ecus à* 4. *liv.* 8 *fols*

EDIT DE MAY 1709.
Nouvelle Fabrication d'Efpeces.

Loüis d'Or de 30. *au Marc, du poids de* 6. *deniers* 9 *grains.*	*Ecus de* 8. *au Marc, du poids de* 23 *den.* 18 *grains.*

Le Roy a donné un autre Edit au mois de May 1709.
qui a été enregiftré en la Cour aes Monnoyes le 14.
*dudit mois, qui a ordonné qu'il feroit fabriqué des
Loüis d'Or à la marque de* 8. L. *& un Soleil au
milieu, du poids de* 6 *deniers* 9 *grains à la taille
de* 30. *au marc, & ont eu cours pour* . . 20
Les doubles & demis à proportion.
Les Ecus de 8 *au Marc du poids de* 23. *deniers* 18
grains, appellez les Ecus aux trois Couronnes pour 5
*Par le même Edit il a été ordonné, que jufqu'à la fin
d'Août* 1709. *les Loüis d'Or & les Ecus, Pieces de
20 fols & de 10 fols, tant fabriquées que reformées
avant le préfent Edit, feroient reçuës & expofées :*

Sçavoir,

	liv.	ſols	den.
Les Loüis pour	12	10	
Les Ecus pour	3	5	
Les pieces de 20. ſols pour	-	14	6
Les pieces de 10. ſols pour	-	7	3
Les pieces de 4. ſols pour	-	3	6

Il fut défendu de recevoir leſdites Eſpeces ſur un plus haut pied à peine de cenfiſcatiun, comme il eſt plus amplement porté par ledit Edit.

Par Arrêt du 14. May 1709. les anciens Louis d'Or ont augmenté de 10 ſols & ont eu cours pour . .

	liv.	ſols	den.
	13		
Les anciens Ecus pour	3	10	
Les pieces de 20. ſols pour	-	14	6
Les pieces de 10. ſols pour	-	7	3

Par Arrêt du 4 Juin 1709 les anciennes Eſpeces ont augmenté pendant ledit mois; Sçavoir,

	liv.	ſols	den.
Les anciens Louis d'Or pour	13	5	
Les anciens Ecus pour	3	12	
Les pieces de 20 ſols pour	-	15	
Les pieces de 10. ſols pour	-	7	6

Nota Que toutes les anciennes Eſpeces qui ont été fabriquées en France ou dans les Pays Etrangers, ont été décriées de tout cours.

Par Arrêt du 28 Decembre 1709. leſdites Eſpeces pouvoient être reçuës dans les Bureaux de Recettes du Roy; Sçavoir;

	liv.	ſols	den.
Les Louis d'Or pour	13	10	
Les Ecus pour	3	13	

Par Edit du mois de Septembre 1709. il a été fabriqué des pieces de 30. deniers qui ont eu cours pour . . — 2 | 6

Et le premier Janvier 1710. juſqu'au 16 les pieces de vingt ſols ont été reduites à . . . . . — 14 | 6

Les pieces de dix ſols à . . . . . — 7 | 3

Et depuis le ſeize Janvier juſqu'à la fin dudit mois, les pieces de vingt ſols ont valu . . . — 14

Les pieces de dix ſols . . . . . — 7

Par Arrêt du 30. Septembre 1713. il a été ordonné des diminutions ſur les Louis d'Or de 30 au Marc & les Ecus de 8. au Marc, fabriquez par l'Edit de May 1709.

	liv.	sols	den.
Sçavoir,			
Au premier Decembre 1713. les Louis d'Or à	19	10	
Les Ecus à	4	17	6
Au premier Février 1714. les Louis d'Or à	19		
Les Ecus à	4	15	
Les demis; quarts, dixiémes, &c. à proportion.			

Nota *Que par Arrêt du 3. Février 1714. il a été fait défense d'exposer les especes de billon, autrement qu'en détail, ni plus d'un trentième dans les paye mens au dessus de dix livres, à peine de 3000. livres d'amende.*

	liv.	sols	den.
Au premier Avril 1714. les Loüis d'Or ont été reduit suivant & conformément à l'Arrêt du 30 Septembre 1713. à	18	10	
Les Ecus pour	4	12	6
Les demis, quarts, &c. à proportion.			
Les pieces de trente deniers à		2	3
Les sols ou douzains à		1	5
Au premier Juin lesdits Loüis ont été reduits à	18		
Les Ecus à	4	10	
Les demis, quarts &c. à proportion.			
Les pieces de trente deniers à		2	
Les sols ou douzains à		1	9
Au premier Septembre lesdits Loüis d'Or à	17		
Les Ecus à	4	5	
Les demis, quarts, &c. à proportion.			

Nota. *Que la diminution, qui par l'Arrêt du 30 Septembre 1713. avoit été indiquée pour Decembre, fut partagée moitié au quinze Octobre; & l'autre moitié au premier Decembre 1713. l'Arrêt du 30. Septembre, au surplus executé*

	liv.	sols	den.
Par Arrêt du 15. Août 1714. il fut ordonné que les Loüis d'Or de 30. au marc n'auroient cours au quinze Octobre ensuivant que pour	16	10	
Les Ecus de 8 au marc pour	4	2	6
Et au premier Decembre lesdits Loüis que pour	16		
Et les Ecus pour	4		

Par Arrêt du 8. Decembre 1714. il y eut quatre diminutions indiquées;   Sçavoir,

	liv.	sols	den.
Au premier Février 1715. le Loüis d'or a été fixé à	15	10	
L'Ecu à	3	17	6
Au premier Avril enfuivant, le Loüis à .	15		
L'Ecu à	3	15	
Au premier Juin les Loüis d'Or à . .	14	10	
Les Ecus à	3	12	6
Et au premier Août les Loüis à . . .	14		
Les Ecus à	3	10	

Cette diminution indiquée pour le premier Août, n'eut fon execution que le premier Septembre 1715 con formément à l'Arrêt du 23. Juillet audit an.

LOUIS XV. né le 15. Septembre 1710. fucceda à fon Bifayeul le 1er jour de Septembre 1715. (qui deceda à Verfailles ledit jour entre 8. à 9. heures du matin) Il fut fous la Regence de M. le Duc d'Orleans, qui alla le lendemain 2. dudit mois au Parlement, accompagné des Princes & Seigneurs, où il fut reçû Regent.

	liv.	sols	den.
Par Arrêt du 12. Octobre 1715 les pieces de 24 de niers ont été reduites à		1	9
Les Douzains à		1	3

EDIT DE DECEMBRE 1715.
Reformation des Efpeces.

Loüis d'Or de 30. un quart au Marc, du poids de 6. deniers 9. grains.	*Ecus de 8. au Marc, du poids de 23. dcn 18. grains.*

Par cet Edit il a été ordonné une reforme des Efpeces, fabriquées en conféquence de l'Edit du mois de May 1709.

Les Nouvelles Efpeces reformées ont eu cours dés ledit mois; Sçavoir, les Loüis d'or pour   •   •   20

Les Ecus pour   5

Les Efpeces non reformées ont été augmentées & ont eu cours;   S ç a v o i r,

Les Loüis d'Or pour   •   •   •   •   •   16

Les Ecus pour   4

EDIT DE NOVEMBRE 1716.
Nouvelle Fabrication de Loüis d'Or.

Loüis d'Or de 20. au Marc, du poids de 9. deniers 14. grains.

Par cet Edit le Roy a ordonné une nouvelle fabrication de Loüis d'Or du poids de 9. deniers 14. grains à la taille de 20. au marc, qui ne devoient être fabriquez qu'à l'Hôtel de la Monnoye de Paris; mais depuis par Arrêt du 18. Février 1718. la fabrication en fut permife dans les autres Monnoyes du Royaume, lefquels Loüis d'Or ont eu cours pour   •   •   •   •   •   30

Par le même Edit il fut indiqué des diminutions fur les Ecus non reformez; fçavoir, au 1. Janvier 1717 pour   •   •   •   •   •   •   •   •   3 | 18 | 9

Les demis, quarts & douziémes à proportion.

Au premier Février 1717. pour   •   •   •   3 | 15

Le premier Mars enfuivant les Ecus non reformez pour   •   •   •   •   •   •   •   3 | 10

Par Arrêt au 30. Janvier 1717. il a été ordonné que les Loüis d'Or de 20. livres. à la taille de 30. au Marc, ne pourroient être expofez dans le Commerce

que juſqu'au 15. Février dans la Ville & Election de
Paris. & dans tout le Royaume juſqu'à la fin dudit
mois, aprés quoy decriez : mais le cours en fut prorogé:

S Ç A V O I R,

Par deux Arrêts du 5. Mars 1717. dont le pre
mier ordonne que leſdits Loüis d'Or de 20. livres con
tinuërent d'être reçûs à la Monnoye de Paris juſqu'au
dernier dudit mois : & le ſecond qui proroge juſqu'au
premier May la diminution ordonnée ſur les anciennes
Eſpeces d'Or & d'Argent par l'article 9. de l'Edit
du mois de Novembre 1716.

L'Arrêt du 5. Avril 1717. proroge juſqu'à la fin
dudit mois le cours des Loüis d'Or de 30 au Marc.

Celuy du 24. dudit mois d'Avril proroge juſqu'au
premier Juillet la diminution des Ecus à reformer,
& celle des matieres d'Or & d'Argent ordonnée par
l'article 9. de l'Edit de Novembre 1716.

L'Arrêt du 19 Juin 1717. proroge juſqu'au pre
mier Septembre la diminution qui avoit été indiquée
par l'Arrêt du 24. Avril.

Celuy du 31 Août 1717. proroge juſqu'au premier
Decembre audit an, la diminution indiquée au pre
mier Septembre precedent ſur leſd. anciennes Eſpeces.

L'Arrêt du 27. Novembre 1717. proroge juſqu'au
premier Fevrier 1718. la diminution indiquée au pre
mier Decembre 1717.

Et celuy du 22 Janvier 1718 proroge juſqu'au
premier Juin audit an, la diminution indiquée par
l'Arrêt du 27. Novembre 1717.

Par Arrêt du 12. Février 1718 il fut permis de
porter aux Hôtels des Monnoyes les Eſpeces non re
formées avec des Billets d'Eſtat, ou des Receveurs
Generaux, juſqu'à la concurrence d'un ſixiéme.

	liv.	ſols	den.
Par Arrêt du 26 Février 1718. les Louis d'Or fabri quez & reformez à la taille de 30. au marc, ont été reçûs dans les Bureaux des Recettes de Sa Majeſté ſeu lement juſqu'au premier Avril pour	18		
Ceux de 36 un quart au marc, pour	15		
Les Ecus de 8 au marc, pour	4	10	
Ceux de 9. au marc, pour	4		

Les demis, quarts, &c. à proportion.

Par Arrêt du 19. Mars 1718. les anciennes Especes d'Or & d'Argent non reformées, ont continuè d'être reçûës dans les Hôtels des Monnoyes jusqu'au premier Juin, avec un cinquième en sus de Billets d'Estat, ou des Recevours Generaux.

Par autre Arrêt dudit jour 19. Mars, les Especes non reformées ont ètè reçûës à la piece pendant les mois d'Avril & May, pour toutes les Impositions & Droits de Sa Majesté, sur le pied sixè par l'Arrêt du 26 Fèvrier 1718.

Par autre Arrêt du 16. May 1718 la permission de porter un cinquième en sus des Billets d'Estat, Billets des Receveurs Generaux des Finances & de leurs Caisses Communes, ou des interêts desdits Billets, conformèment aux Arrêts dès 12. & 26 Fevrier prècedent, fut prorogèe jusqu'à la fin de Juillet.

Et par autre Arrêt du même jour 16. May, il a été ordonné que les anciennes Especes d'Or & d'Argent, seroient reçûës à la piece, en payement de toutes les Impositions & Droits de Sa Majesté durant les mois de Juin & Juillet.

EDIT DE MAY 1718.
Reformation Generale des Especes.

Par cet Edit il a été ordonné une Refonte generale ; les Loüis d'Or ont été fabriquez à la taille de 25. au Marc du poids de 7. deniers 16. grains, & les Ecus à la taille de 10. au Marc du poids de 19. deniers, & ont eu cours :　　S ç a v o i r,

Les Loüis d'Or pour 36

Et les Ecus pour 6

Par

Par le même Edit, il a été ordonné que toutes les anciennes Eſpeces d'Or & d'Argent auroient cours :
S ç A V O I R ,

	liv.	fols	den.
Les Loüis d'Or de 20. au marc fabriquez par Edit de Novembre 1716. pour	36		
Les Loüis d'Or de 30 au marc fabriquez par les Edits des mois de May 1709. & Decembre 1715 pour .	24		
Les anciens Loüis d'Or de 36. un quart au marc pour	19	12	
Les Ecus de 8. au marc, pour - - - .	6		
Ceux de 9. au marc, pour . . - .	5	6	
Les ſols marquès pour - - .		1	6
Les pieces de 20. deniers pour - - .		2	3

Par le même Edit du mois de May 1718. Enregiſtré en la Cour des Monnoyes le 31. dudit mois. les anciennes Eſpeces d'Or & d'Argent ont eté reçûës aux Hôtels des Monnoyes avec les 2. cinquiémes en ſus en Billets d'Eſtat.

Par Arrêt du 17. Juillet 1718. il a été ordonné que les anciennes Eſpeces d'Or & d'Argent continueroient d'avoir cours dans les Villes où il y a Monnoye pendant le mois d'Août ſur le pied porté par l'Art X de l'Edit du mois de May précedent.

Par Arrêt du 20. Août 1718 les anciennes Eſpeces d'Or & d'Argent ont demeuré decriées & hors de cours au premier Septembre & néantmoins ont pû être données en payement de toutes Impoſitions
S ç A V O I R ,

	liv.	fols	den.
Les Loüis d'Or à la taille de 20 au marc pour .	36		
Ceux de 30. au Marc pour - - - .	24		
Et ceux de 36. un quart au marc, pour - .	19	12	
Les Ecus de 8 au Marc pour - - .	6		
Et ceux de 9. au Marc pour - - .	5	6	

Les doubles, deniers, quarts, dixiémes & vingtiémes deſdites Eſpeces d'Or & d'Argent à proportion, & ont été reçûës ſur le pied cy-deſſus aux Hôtels des Monnoyes lors qu'elles y ont été portées ſans billets d'Eſtat.

Par Arrêt du 20 Septembre 1718 les Ecus de 8 au marc ont eu cours pendant le mois d'Octobre pour . 6

Et les Ecus de 9 au marc ont été decriés ; permis néantmoins de les porter à la Monnoye.

C

Par Arrêt du 20. Octobre 1718. les Ecus de 8. au marc ont été décriés ; permis néantmoins de les donner en payement aux Bureaux des Recettes du Roy, les demis, quarts, &c. ont eu cours dans le public pendant le mois de Novembre, à proportion de six livres l'Ecu.

Par Arrêt du 20. Novembre 1718. les demis, quarts, dixiémes & vingtiémes d'Ecu de 8. au marc ont eu cours dans le Commerce pendant Decembre sur le même pied de six livres l'Ecu.

Par Arrêt du 19. Decembre 1718 les demis, quarts &c d'Ecu de 8. au marc ont eu cours pendant Janvier sur le pied porté par l'Arrêt du 20. Septembre précedent.

1718. Fabrication des Sixiémes & douziémes d'Ecus de 10. au marc.

Par la Declaration du 19. Decembre 1718. il a été fabriqué des Sixiémes & Douziémes d'Ecus à la taille de 10. au marc du titre porté par l'Edit du mois de May audit an, lesquels ont eu cours à proportion de ce que lesdits Ecus valoient pour lors.

	liv.	sols	den.
Sçavoir ; Les sixiémes pour	1		
Et les douziémes pour		10	

1719. Fabrication des pieces de 12. deniers & de 6. deniers.

Par Edit de May 1719. il a été fabriqué des pieces de 12. deniers & de 6. deniers.

Par Arrêt du 7. May 1719. les Loüis d'Or à la taille de 25 au marc, fabriqués en consequence de l'Edit du mois de May 1718. ont été diminués de 20. sols & ont eu cours ledit jour pour **35**

1719. Fabrication des pieces de 3. deniers.

Par Edit de Juillet 1719. il a été fabriqué des pieces de trois deniers.

Par Arrêt du 25. Juillet 1719. les Loüis d'Or de 25. au marc ont été reduits à **34**

Par Arrêt du 3. Août 1719. il a été fait une reduction du prix des anciennes Espeçes & matieres d'Or à diminuer de mois en mois jusques & compris le premier Novembre, & cet Arrêt a ordonné qu'à commencer au 15. Septembre, les Ecus ne seroient plus reçûs à la Monnoye qu'au marc.

Par Arrêt du 23. Septembre 1719. les Loüis d'Or de 25. au marc ont été reduits jusqu'au 3. Decembre ensuivant à **33**

	liv.	sols	den.
Les Ecus de dix au marc à	5	16	
Les demis, quarts, &c. à proportion.			

Par Arrêt du 3. Decembre 1719. les Loüis d'or de 25. au marc, depuis ledit jour jufqu'au premier Janvier 1720. n'ont eu cours que pour   32

Les Ecus de 10. au marc que pour . . .   5 | 12

Le premier Janvier 1720. jufqu'au 26. du même mois les Loüis d'Or de 25. au marc n'ont eu cours que pour   31

Les Ecus de 10. au marc que pour . . . .   5 | 8

Par Arrêt du 10. Decembre 1719. les fixiémes ou douziémes d'Ecus de 10 au marc qui avoient cours lors dudit Arrêt pour 20. fols & 10. fols, ont été reduits :

S Ç A V O I R ,

Les fixiémes d'Ecu pour . . . . .   - | 18

Les douziémes pour . . . . .   - | 9

EDIT DE DECEMBRE 1719.

Fabrication des Livres d'Argent fin.

Livres d'argent de 12. deniers de fin, à la taille de 65. un onziéme par Marc

Par Edit de Decembre 1719. il a été fabriqué des livres d'Argent fin, qui ont eu cours pour . .   1 | -

Par Arrêt du 22. Janvier 1720. les Efpeces ont été augmentées & ont eu cours ;   S ç a v o i r ,

Les Loüis d'Or de 25. au marc pour . .   36

Ceux de 20 au marc pour , . . .   45

Ceux de 30. au marc pour . . .   30

Ceux de 36 un quart au marc pour . .   24 | 12

Les Ecus de 10. au marc pour . . .   6

Les Ecus de 8. au marc pour . . . .   7 | 10

Les anciens Ecus des précedentes fabrications de 9. au marc pour . . . . .   6 | 13 | 4

Les demis, quarts, &c. à proportion.

Par les Arrêts des 28. & 31. Janvier & 3. Février 1720. les Efpeces ont été reduites:

SÇAVOIR,

	liv.	sols	den.
Les Loüis de 25. au marc à	34		
Les Loüis de 20. au marc à	42	10	
Ceux de 30. au marc à	28	6	8
Ceux de 36 un quart au marc à	23	9	
Les Ecus de 10. au marc à	5	13	6
Les Ecus de 8 au marc à	7	1	8
Les Ecus de 9. au marc à	6	6	

Dans les Monnoyes le marc d'Or à 900 liv.
Le Marc d'Argent à 60 liv.

Par Arrêt du 25. Février 1720 les Efpeces ont été augmentées & ont eu cours: Sçavoir,

	liv.	sols	den.
Les Loüis d'Or de 25. au marc pour	36		
Ceux de 20. au marc pour	45		
Ceux de 30. au marc pour	30		
Ceux de 36. un quart au marc pour	24	12	
Les Ecus de 10. au marc pour	6		
Les Ecus de 8. au marc pour	7	10	
Les Ecus de 9. au marc pour	6	13	
Les pieces de 30. deniers pour	-	3	4
Les fols marqués pour	-	2	
Les fols de billon pour	-	2	
Les demis, quarts, &c. à proportion.			

* *Par l'Arrêt du 27. Février 1720. il fut fait défenfe d'avoir plus de 500. livres chez foy.*

Par Arrêt du 5 Mars 1720. les Efpeces ont été augmentées & ont eu cours: SÇAVOIR,

	liv.	sols	den.
Les Loüis d'Or de 25. au marc pour	48		
Ceux de 20. au marc pour	60		
Ceux de 30. au marc pour	40		
Ceux de 36. un quart au marc pour	32	16	
Les Ecus de 10. au marc pour	8		
Les Ecus de 8. au marc pour	10		
Les Ecus de 9 au marc pour	8	17	9
Les fixiémes d'Ecus pour	1	10	
Les livres d'Argent pour	1	10	
Les douziémes d'Ecus pour	-	15	

Par la Declaration du 11. Mars 1720. les Efpeces ont été reduites le premier Avril enfuivant.

SÇAVOIR,

	liv.	fols	den.
Les Loüis d'Or de 25. au marc à	36		
Ceux de 20. au marc à	45		
Ceux de 30. au marc à	30		
Ceux de 36. un quart au marc à	24	12	

Le Marc d'Or reduit à . . . 900. liv.
Et le Marc d'Argent à . . . 60. liv.

Les Efpeces d'Or interdites dans le Commerce, permis de les porter dans le mois d'Avril feulement à la Monnoye, à raifon du Marc de . . 750. liv.

	liv.	fols	den.
Et les Ecus de 10. au marc à	7		
Les demis, quarts, &c. à proportion.			
Ceux de 8. au marc à	8	15	
Les demis, quarts, &c. à proportion.			
Ceux de 9. au marc à	7	15	
Les demis, quarts, &c. à proportion.			

Pendant le mois de May, les Efpeces d'Argent fuivant ladite Declaration du 11. Mars ont eu cours :

SÇAVOIR,

	liv.	fols	den.
Les Ecus de 10. au marc pour	6	10	
Ceux de 8. au marc pour	8	2	6
Ceux de 9. au marc pour	7	4	
Les pieces de 20. fols & les livres d'argent pour	1	7	6
Les pieces de 10. fols pour	·	13	9

Pendant Juin lefdites Efpeces fuivant ladite Declaration du 11. Mars ont été reduites & ont eu cours :

SÇAVOIR,

	liv.	fols	den.
Les Ecus de 10. au marc pour	6		
Ceux de 8. au marc pour	7	10	
Ceux de 9. au marc pour	6	13	4
Les pieces de 20. fols & les livres d'Argent pour	1	5	
Les pieces de 10. fols pour	·	12	6

Par Edit du mois de Mars 1720. il fut ordonné une fabrication de Loüis d'argent pour 3. liv qui commencerent à diminuer au premier May, & n'eurent cours que pour 2 | 15

Par Arrêt du 29. May 1720. les Efpeces ont été augmentées & ont eu cours, à commencer du jour de la publication jufqu'à la fin de Juin.

SÇAVOIR,

	liv.	fols	den.
Les Loüis d'Or de 25. au marc pour	49	10	

	liv.	sols	den.
Ceux de 20. au marc pour	61	17	6
Ceux de 30. au marc pour	41	5	
Ceux de 36. un quart au marc pour	33	16	
Les Ecus de 10 au marc pour	8	5	
Les Ecus de 8 au marc pour	10	6	
Les Ecus de 9 au marc pour	9	2	
Les pieces de 20. & les livres d'Argent pour	1	7	6
Les pieces de 10. sols pour	-	13	9

L'Arrêt du 1. Juin 1720. leve les dèfenses portées par celuy du 23. Février précedent d'avoir chez soy de l'Argent au-dessus de 500 livres.

Par Arrêt du 10. Juin 1720 les Especes ont été reduites, à commencer au 1. Juillet jusqu'au 16. dudit mois : Sçavoir,

	liv.	sols	den.
Les Loüis d'or de vingt-cinq au marc à	45		
Ceux de vingt au marc à	56	5	
Ceux de trente au marc à	37	10	
Ceux de trente-six un quart au marc à	30	15	
Les Ecus de dix au marc à	7	10	
Les Ecus de huit au marc à	9	7	6
Les Ecus de neuf au marc à	8	6	
Les Loüis d'argent à	2	10	
Les livres d'argent & sixiémes d'Ecu à	1	5	
Les douziémes d'Ecu à	-	12	6

Le 16. de Juillet les Especes ont été reduites : Sçavoir,

	liv.	sols	den.
Les Loüis d'Or de vingt-cinq au marc à	40	10	
Ceux de vingt au marc à	50	12	
Ceux de trente au marc à	33	15	
Ceux de trente-six un quart au marc à	27	12	
Les Ecus de dix au marc à	6	15	
Les Ecus de huit au marc à	8	8	9
Les Ecus de neuf au marc à	7	10	
Les Loüis d'Argent à	2	5	
Les livres d'Argent & sixiémes d'Ecus à	1	2	6
Les demis à	-	11	3

Par Arrêt du 30. Juillet 1720. les Especes d'Or & d'Argent ont été augmentées, & ont eu cours : Sçavoir,

	liv.	sols	den.
Les Loüis d'Or de vingt-cinq au marc pour	72		

	liv.	sols	den.
Ceux de vingt au marc pour	90		
Ceux de trente au marc pour	60		
Ceux de trente-six un quart au marc pour	49	12	
Les Ecus de dix au marc pour	12		
Les demis, quarts, &c. à proportion.			
Les Ecus de huit au marc pour	15		
Les demis, quarts, &c. à proportion.			
Les Ecus de neuf au marc pour	13	6	8
Les Loüis d'Argent pour	4		
Les livres d'Argent & sixiémes d'Ecus pour	2		
Les demis pour	1		

Par Arrêt du 31. Juillet 1720. Les pieces cy-devant fabriquées pour 30. deniers, ont été augmentées & ont eu cours pour

	liv.	sols	den.
& ont eu cours pour		5	
Les pieces de Billon ou sols marqués pour		3	6
Les sols de cuivre pour		2	8
Les pieces de deux liards pour		1	4
Les liards pour			8

Par l'Arrêt cy-dessus du trente Juillet 1720. il a été indiqué des diminutions sur les Especes, lesquelles ont eu leur execution : Sçavoir,

Au premier Septembre les Loüis d'Or de vingt-cinq au marc ont été reduits à

	liv.	sols	den.
les Loüis d'Or de vingt-cinq au marc ont été reduits à	63		
Ceux de vingt au marc à	78	15	
Ceux de trente au marc à	52	10	
Ceux de trente-six un quart au marc à	43	8	
Les Ecus de dix au marc à	10	10	
Ceux de huit au marc à	13	2	6
Ceux de neuf au marc à	11	13	4
Les Loüis d'Argent à	3	10	
Les livres d'Argent & sixiémes d'Ecus à	1	15	
Les demis à		17	6

Au seiziéme Septembre

	liv.	sols	den.
Les Loüis d'or de vingt-cinq au marc à	54		
Ceux de vingt au marc à	67	10	
Ceux de trente au marc à	45		
Ceux de trente-six un quart au marc à	37	4	
Les Ecus de dix au marc à	9		
Ceux de huit au marc à	11	5	
Ceux de neuf au marc à	10		

	liv.	sols	den.
Les Loüis d'Argent à	3		
Les livres d'argent & sixiémes d'Ecus à	1	10	
Les demis à	-	15	
Au premier Octobre.			
Les Loüis d'Or de vingt cinq au marc à	45		
Ceux de vingt au marc à	56	5	
Ceux de trente au marc à	37	10	
Ceux de trente six un quart au marc à	31		
Les Ecus de dix au marc à	7	10	
Ceux de huit au marc à	9	7	6
Ceux de neuf au marc à	8	6	8
Les Loüis d'Argent à	2	10	
Les livres d'Argent & sixiémes d'Ecus à	1	5	
Les demis à	-	12	6
Par Arrêt du 21. Septembre 1720 les pieces dites de 30. deniers ou Mousquetaires, ont été reduites à	-	3	9
Les sols marques à	-	2	8
Les sols de cuivre à	-	2	
Les demis à	-	1	
Les liards à	-	-	6

EDIT DE SEPTEMBRE 1720.
Reformation des Loüis d'Or & Ecus.

Loüis d'Or de 25. au Marc, du poids de 7. den. 16. grains.	*Ecus de 10. au Marc, du du poids de 19 deniers.*

Par cet Edit il fut ordonné que les Loüis de vingt-cinq au marc seroient reformés & auroient cours pour ... 54

Les Ecus de dix au marc furent reformes & eurent cours pour ... 9

Les Loüis d'Argent reformés pour . . .   3

Les demis, tiers, &c. à proportion.

Par Arrêt du 24 Octobre 1720. les diminutions indiquées pour le premier Novembre n'ont eu lieu qu'au premier Decembre, auquel jour les anciennes & nouvelles Eſpeces ont été reduites :

S Ç A V O I R ,

	liv.	ſols	den.
Les anciens Loüis d'Or de vingt-cinq au marc à .	36		
Ceux de vingt au marc à	45		
Ceux de trente au marc à	30		
Ceux de trente-ſix un quart au marc à . .	24	12	
Les anciens Ecus de dix au marc à . .	6		
Ceux de huit au marc à	7	10	
Ceux de neuf au marc à	6	2	
Les livres d'Argent & ſixiémes d'Ecus à . .	1		
Les pieces de 10. ſols à		10	

Les Eſpeces fabriquées en conſequence de l'Edit de Septembre 1720. ont été reduites ledit jour premier Decembre :

S Ç A V O I R ,

	liv.	ſols	den.
Les Loüis d'Or de 25. au marc à l'Empreinte de deux L. à	45		
Les Ecus de 10. au marc à l'Empreinte de l'Ecuſſon de France, à	7	10	
Les Loüis d'argent à la même Empreinte à .	2	10	

Par Arrêt du 24. Novembre 1720 les pieces dites de trente deniers furent reduites ledit jour à .   3

	liv.	ſols	den.
Les ſols marqués à		2	3
Les ſols de cuivre à		1	8
Les demis & pieces de deux liards à . . .			10
Les quarts & liards à			5
Par Arrêt du 30 Avril 1721. les ſols de cuivre furent reduits à		1	6
Les demis ſols de cuivre à . . .			9
Les quarts & liards, du jour de la publication à .			4½
Par Arrêt du 3 Juin 1721. les ſols ou douzains furent reduits à		2	1
Par Arrêt du 5. Août 1721. les ſols furent reduits à		1	4

D

Les demis ſols à   -   -   8

Les liards de France à   -   -   4

Par Arrêt du 21. Juillet 1723. les Loüis d'Or de 25 au marc, fabriqués & reformés en execution de l'Edit du mois de Septembre 1720. qui avoient cours pour 45. livres, ont été reduits à   44

Les doubles & demis à proportion.

Les ſols ou douzains pour   -   2

Les Eſpeces d'Argent ont continué d'avoir cours conformément à l'Arrêt du 24. Octobre 1720. ainſi que la valeur des matieres d'Or & d'Argent & Eſpeces non reformées.

Par ledit Arrêt du 21. Juillet, il a été ordonné qu'en portant aux Hôtels des Monnoyes un huitiéme en Certificats de liquidation & ſept huitiémes en matieres d'Or & d'Argent ou Eſpeces non reformées, la valeur du total y ſeroit payée comptant en Eſpeces fabriquées par l'Edit de Septembre 1720. Les Loüis d'Or de 25 au marc fabriqués en execution de l'Edit du mois de May 1718. y ont été reçûs à la piece ſur le pied de   36

Les Ecus de 10. au marc de la même fabrication ſur le pied de   6

Les demis, quarts, & ſixièmes à proportion.

Et lors que les Eſpeces & matieres ont été portées aux Monnoyes ſans Certificats de liquidation, elles y ont été reçûës ſur le pied :

Sçavoir,

Le Marc d'Or à   945. liv.

Et le Marc d'Argent à   63. liv.

Les Loüis d'Or de 25. au marc, & les Ecus de 10. au marc fabriqués en execution de l'Edit de May 1718. y ont été reçûs à la piece à raiſon de 37. liv. 16. ſols le Loüis d'Or ; & de 6. liv. 6. ſols, l'Ecu, les demis, quarts & ſixiémes à proportion.

Par Arrêt du 5. Août 1723. les Loüis d'Or fabriqués ou reformés en execution de l'Edit du mois de Septembre 1720. du poids de 7. deniers 16. grains qui eſt celuy qu'ils devoient avoir au ſortir de la fabrique.

furent reçûs fans diminution dans les payemens fur
le pied de fept deniers 15. *grains trebuchans;* & *à* 7.
deniers 14. *grains trebuchans, ils ont eu feulement*
cours pour 44. *livres, donnant* 5. *fols pour le foiblage.*
Ceux de moindre poids furent decriés de tout cours &
portés aux Hôtels des Monnoyes où ils y ont été payés
fur le pied de 900. *livres le marc, en y portant un*
huitiéme en Certificats de liquidation, & *fur le pied*
de 940. *livres fans aucuns Certificats de liquidation.*

EDIT D'AOUST 1723.

Fabrication des Loüis d'Or.

Loüis d'Or de 37. & *demy au Marc, du poids de* 5.
deniers 2. *grains.*

Par cet Edit il fut ordonné qu'il feroit fabriqué des
Loüis d'Or à la taille de 37. & demy au marc du poids
de 5. deniers 2. grains, qui ont eu cours pour   .   27
Les doubles & demis à proportion.

Il a eté ordonné par le même Edit que les Ecus de
dix au marc fabriqués & reformés par l'Edit du mois de
Septembre 1720. du même poids & titre que ceux fabriqués par l'Edit du mois de May 1718 qui avoient
cours pour 7. livres 10. fols, feroient reduits à   .   .   6 18
Les tiers, demis, &c. à proportion.

Le même Edit a augmenté les Ecus de dix au marc
non reformés, pour avoir cours dans le commerce fur
le pied de ceux cy-deffus, pour 6 18
Les demis, tiers, &c. à proportion.

Et les Loüis d'Or de 25. au marc du poids de 7. deniers 15. grains trebuchans, ont eu cours pour   .   39 12

Les Loüis d'Or de 7. deniers 14. grains trebuchans
pour   39   7

Les demis à proportion ; & ce jusqu'au 1 Decembre
1723 passé lequel temps, decriés & hors de cours.

*Prix de l'Or & de l'Argent porté à la Monnoye &
au Change.*

Marc d'Or . . 997. liv. ⎰ les 4. den deduits 980. l. 7 f. 8 d.
Marc d'Argent . 68. liv. ⎱ Au Change . . 66. l. 17. f. 4 d.

L'Arrêt du 30 Novembre 1723 proroge le cours des
Ecus de 10. au marc, les Tiers. Sixiémes & Douziéme·
à proportion de 6 livres 18 sols l'Ecu
    Par Arrêt du 4. Février 1724. les Loüis d'Or de 37
& demi au marc furent reduits de 27. livres à . **24**
    Les Ecus de 10 au marc de 6. livres 18. sols à . **6**
    Les demis, quarts, &c. à proportion.

Marc d'Or à . . . . . 885 liv.
Marc d'Argent à . . . 60. liv. 10. f.

Par Arrêt du 27. Mars 1724 les Loüis d'Or de 37.
& demi au marc ont été reduits à . . . **20**
Les Ecus de 10 au marc à . . . .
Les demis, tiers, &c. à proportion. **5**

Marc d'Or à . . . . . 735. liv.
Marc d'Argent à . . . . 49 liv.

Les pieces dites de 30. deniers ou mousquetaires qu
avoient cours pour trois fols, ont été reduits par ledit
Arrêt à

	liv.	fols	den.
Les sols ou douzains à		2	3
Les sols de cuivre à		1	6
Les liards à		1	5
			3

Par Arrêt du 22. Septembre 1724. les Loüis de 37. &
demi au marc furent reduits de vingt livres à   **16**
Les doubles & demis à proportion.
Les Ecus de dix au marc de cinq livres à .
Les demis, quarts, &c. à proportion. **4**

*Les Loüis & les Ecus des anciennes fabrications
ont été reçûs à l'Hôtel des Monnoyes sur le pied d'un
cinquiéme de diminution du prix reglé par l'Arrêt
du 27. Mars précedent.*

EDIT DE SEPTÉMBRE 1724.
Fabrication des Ecus.

Ecus de 10. 3. huitiémes au Marc, du poids de 18. deniers 12. grains.

Par cet Edit il a été fabriqué des Ecus de 10. trois huitiémes au marc, qui ont eu cours pour . .   4

Les quarts, dixiémes à proportion.

Les Arrêts des 16. Janvier & 24 Juillet 1725 donnent cours aux Ecus de 10 au marc, fabriqués ou reformés par les Edits des mois de May 1718 & Septembre 1720 jusqu'au premier Novembre, sur le pied de 4 livres l'Ecu, les tiers, sixiémes, &c. à porportion.

Par Arrêt du 4. Decembre 1725. les Loüis d'Or de 37. & demi au marc, & les Ecus de 10. & de 10 trois huitiémes au marc, ont été reduits au premier Janvier 1726

Sçavoir,

Les Loüis de 37. & demi au marc de 16. livres à .   14

Les doubles & demis à proportion

Les Ecus de 10. & de 10. 3. huitiémes au marc, de 4 livres à   3   10

Les demis, tiers, quarts, &c. à proportion.

Le marc des Loüis d'Or décriées, des Piftoles d'Efpagne, des Millerets & Guinées d'Angleterre, à 514. l. 10. f.

Le marc des Ecus de France décriés, des Piaftres & Reaux d'Efpagne & les Ecus d'Angleterre, à 35. l. 12. f. 3. d.

EDIT DE JANVIER 1726.

Refonte generale des Eſpeces d'Or & d'Argent.

Loüis d'Or de 30. au Marc, du poids de 6. deniers 9. grains.

Ecus de huit & trois dixiémes au Marc, du poids de 23. deniers un grain.

Par cet Edit il a été fabriqué des Loüis d'Or à la taille de trente au marc, du poids de 6. deniers 9. grains qui ont eu cours pour . . . . .

Les doubles & demis à proportion. 20

Et des Ecus à la taille de 8. & trois dixiémes au marc, du poids de 23. deniers un grain, qui ont eu cours pour . . . . .

Les demis, cinquiémes, dixiémes & vingtiémes à proportion. 5

Il a été ordonné par le même Edit que toutes les anciennes Eſpeces d'Or & d'Argent ſeroient decriées de tout cours, à commencer du jour de ſa publication, lefquelles Efpeces ont été reçûës aux Hôtels des Monnoyes fur le pied :

Sçavoir;

	liv.	
Le Marc d'Or à - - - - 492. liv.		
Et le Marc d'Argent - - - 34. liv.		

Le même Edit a donné cours dans le Commerce depuis le premier Février jufqu'au dernier Avril audit an, aux Loüis d'Or de 37. & demy au marc, & aux Ecus de 10. & 10. trois huitiémes au marc :

Sçavoir,

	liv.	
Les Loüis d'Or de 37. & demy au marc pour .	12	
Et les Ecus de 10. & 10. trois-huitiémes au marc pour - . - - - - - -	3	
Les demis, quarts, &c. à proportion.		

Par le même Edit il a été permis de porter les anciennes Efpeces d'Or & d'Argent aux Recettes de Sa Majefté, pendant les mois de Fèvrier, Mars & Avril 1726. & y ont été reçûës fur le pied :

Sçavoir,

	liv.	fols
Les Loüis d'Or de 36. un quart au marc pour .	13	7
Ceux de 30 au marc pour . - - -	16	4
Ceux de 20. au marc pour . - - -	24	6
Ceux de 25. au marc pour . - - -	19	8
Et ceux de 37. & demy au marc pour . -	12	18
Les doubles & demis à proportion.		
Les Ecus de 9. au marc pour . - - -	3	14
Ceux de 8. au marc pour . - - -	4	3
Ceux de 10. au marc pour . - - -	3	6
Et ceux de 10. trois huitiémes au marc pour .	3	4
Les demis, quarts, &c. à proportion.		

Par Arrêt du 2 Mars 1726. il a été ordonné qu'il ne pourra être tranfporté hors des Villes où il y a Hôtel des Monnoyes, aucunes autres Efpeces d'Or & d'Argent que celles fabriquées en conféquence de l'Edit du mois de Janvier précedent.

L'Arrêt du 30. Avril 1726. proroge les diminutions ordonnées par les Articles IV. V. & VI. de l'Edit du mois de Janvier précedent.

Par Arrêt du 26. May 1726. les Especes de la derniere fabrication ordonnée par l'Edit du mois de Janvier dernier, ont été augmentées:

SÇAVOIR,

	liv.	sols	den.
Les Loüis d'Or de 30. au marc pour	24		
Les Ecus de 8 & 3 dixièmes au marc pour	6		
Les demis & autres diminutions de l'Ecu à proportion.			

Qu'à commencer du jour de la publication dudit Arrêt toutes les anciennes Especes d'Or & d'Argent fabriquées dans les Hôtels des Monnoyes, seront reçuës dans les Bureaux de Recettes de Sa Majesté:

SÇAVOIR,

	liv.	sols	den.
Les Loüis d'Or de 36. un quart au marc pour	17	6	
Ceux de 30. au marc pour	21		
Ceux de 20. au marc pour	31	10	
Ceux de 25. au marc pour	25	4	
Et ceux de 37. & demy au marc pour	16	16	
Les Ecus de 9 au marc pour	4	15	
Ceux de 8. au marc pour	5	7	
Ceux de 10 au marc pour	4	5	6
Et ceux de 10. trois huitièmes au marc pour	4	3	6
Les diminutions desdits Loüis & Ecus à proportion.			

En execution dudit Arrêt le marc des anciennes Especes a été reçû aux Hôtels des Monnoyes sur le pied:

SÇAVOIR,

Le marc des anciens Loüis d'Or à   637 l. 10. f.
Et le marc des anciens Ecus à   44 l.

Par Arrêt du 8. Juin 1726. les sols qui étoient à 18. deniers ont été augmentés pour

	liv.	sols	den.
les sols qui étoient à 18 deniers		1	6
Les pieces dites de 30. deniers ou mousquetaires à		2	6
Les demis à proportion.			

Par Arrêt du 15. Juin 1726. le marc des anciens Loüis d'Or a été fixé pour être reçû aux Hôtels des Monnoyes jusqu'au premier Janvier 1727. à raison de   678. l. 15. f.
Et le marc des anciens Ecus à   46. l. 18. f.

Ledit

Ledit Arrêt ordonne que les anciennes Eſpeces ſeront reçûës à la piece juſqu'audit jour premier Janvier 1727. dans les Bureaux des Recettes de Sa Majeſté :

SÇAVOIR,

	liv.	ſols.
Les Loüis d'Or de 36. un quart au marc, fabriqués avant l'Edit du mois de May 1709. pour - -	18	7
Ceux de 30. au marc fabriqués par les Edits des mois de May 1709. & Decembre 1715. pour - -	22	6
Ceux de 20. au marc fabriqués par l'Edit du mois de Novembre 1716. pour - - - - -	33	9
Ceux de 25. au marc, fabriqués par les Edits des mois de May 1718. & Septembre 1720. pour - -	26	15
Et ceux de 37. & demy au marc, fabriqués par l'Edit du mois d'Août 1723. pour - - - -	17	18
Les Ecus de 9. au marc fabriqués avant l'Edit du mois de May 1709. pour - - - - -	5	1
Ceux de 8. au marc des fabrications de 1709. & 1715. pour - - - - - - - .	5	15
Ceux de 10. au marc des fabrications de 1718. & 1720. pour - - - - - - -	4	11
Et ceux de 10. trois huitiémes au marc fabriqués par l'Edit du mois de Septembre 1724. pour - -	4	9
Les diminutions deſdits Loüis & Ecus à proportion.		

L'Arrêt du 15. Juin 1727. proroge juſqu'au premier Janvier de l'année prochaine 1728. l'execution de ceux des 15. Juin & 14. Decembre 1726. concernant le prix des anciennes Eſpeces & Matieres d'Or & d'Argent, leſquelles ſeront reçûës dans les Bureaux des Recettes de Sa Majeſté & aux Hôtels des Monnoyes, ainſi que par les Changeurs, ſur le pied fixé par l'Arrêt cy deſſus du 15. Juin 1726.

ANTOINE-FRANCOIS MELIAND, CONSEILLER D'ESTAT, Intendant de Juſtice, Police & Finances en Flandres.

VEU l'Extrait cy-deſſus des Edits, Declarations & Arrêts concernant les fabrications, augmentations & diminutions des Eſpeces d'Or & d'Argent depuis l'Edit du mois de Septembre 1640. juſqu'à preſent, contenant 33. pages.

NOUS avons Permis & permettons à CHARLES-MAURICE CRAMÉ, d'imprimer ledit Extrait & de le diſtribuer dans l'étenduë de nôtre Département. FAIT à Lille le 9. Novembre 1727. Signé, MELIAND. *Et plus bas :*

PAR MONSEIGNEUR,
REMOND.